VITIANA PAOLA MONTANA

CAMBIO VITA

Manuale Pratico per Chi Intende Scardinare la Routine, Cambiare Lavoro e Trasferirsi in un Nuovo Paese

Titolo

"CAMBIO VITA"

Autore

Vitiana Paola Montana

Editore

Bruno Editore

Sito internet

http://www.brunoeditore.it

Sommario

Introduzione

«Coloro che sono disposti a barattare delle libertà essenziali per un po' di sicurezza temporanea, non sono degni né della libertà, né della sicurezza».
I Giusti, Benjamin Franklin

Cambiare vita è possibile, ma è direttamente proporzionale alla consapevolezza profonda che abbiamo di noi stessi. La frase di Franklin potrebbe apparire come un giudizio implacabile ma, in realtà, solleva un interrogativo importante che ognuno dovrebbe porsi a ridosso di scelte e decisioni di un certo calibro: «Che cosa desidero, realmente, dalla mia vita?»

Almeno una volta, se non più di una, nell'arco della nostra esistenza, abbiamo certamente espresso il desiderio di "lasciare tutto e andare lontano"; abbiamo voluto fortemente cambiare il nostro ritmo e la nostra qualità di vita, abbiamo desiderato riappropriarci del nostro tempo, della nostra libertà.

C'è una linea di demarcazione tra questo desiderio e la sua realizzazione.

Questa linea è un limite che assume, di volta in volta, forme diverse; in alcuni casi è la paura di sbagliare, oppure il timore delle critiche, in altri ancora sono le false sicurezze che ci creiamo e che poi abbiamo paura di riconvertire in nuove esperienze.

Ma poi arriva l'ultima goccia di resistenza al cambiamento e allora ci ritroviamo a scegliere, magari in modo drastico, per liberarci da obblighi, da routine limitanti, stagnanti.

Lo facciamo perché la misura è colma, e spesso la decisione arriva all'improvviso. Tutto a un tratto, ci appare evidente quello che fino a poco prima si presentava come un confuso e sfumato malessere. In modo del tutto naturale, ci ritroviamo a rimuovere gli ostacoli che si frappongono tra il nostro desiderio di libertà e la volontà di vivere una vita più piena, più vera, a misura d'uomo.

Così, le sbarre invisibili delle prigioni che ci costruiamo da soli, si spezzano e finalmente siamo padroni delle scelte che desideriamo fare. Anche se non senza un filo d'ansia. Ma non è forse questo che ci restituisce l'emozione di vivere? Perché rinunciare? Perché lasciare nell'ombra il desiderio di cambiare vita?

Possiamo farlo andando all'altro capo del mondo, facendo una scelta di vita controtendenza, oppure abbracciando un nostro sogno e realizzandolo. Cambiare vita è questo e molto altro.

In ogni caso, la prima domanda che dobbiamo farci, quando sentiamo l'urgenza di cambiare qualcosa di come viviamo è: «Quando è stata l'ultima volta che mi sono sentito appagato, felice e soddisfatto?»

Cercare di scoprire i nostri bisogni più profondi, ci farà diventare da subito, diversi e più reali. Le qualità indispensabili, per procedere in questa delicata analisi, sono innanzitutto la flessibilità e la determinazione. Fare un bilancio della propria vita, delle proprie esperienze ed essere capaci di intraprendere percorsi nuovi, più adatti a noi, alla nostra crescita ed evoluzione, richiede però tempo e fiducia.

Per sapere dove vogliamo andare, dobbiamo capire da dove siamo venuti, come siamo arrivati alla nostra attuale situazione che non necessariamente deve essere negativa. Potremmo avere bisogno di nuovi stimoli, di nuove sfide, di riqualificare il nostro tempo. La cosa importante è comprendere quale sia la nostra priorità assoluta, il nostro valore più importante; riferendoci a questo, potremo individuare il percorso da intraprendere.

Questa guida, pertanto, vuole essere un piccolo aiuto per districarsi nei momenti di confusione e di insoddisfazione; ci fornirà uno schema operativo che potrà essere d'aiuto quando sarà il momento di operare delle scelte.

Buona Lettura!
Vitiana Paola Montana

CAPITOLO 1:

Come riconoscere il bisogno di cambiamento

Può colpire a tutte le età. Presenta sintomi comuni per tutti coloro che ne sono affetti: stress, noia, demotivazione, irritabilità, a volte insonnia oppure afflizioni varie senza motivi validi. Non è una patologia medica, è piuttosto la descrizione di uno stato emotivo. Spesso, chi ha necessità di effettuare un cambiamento nella propria vita, oppure desidera migliorarne alcuni aspetti, si trova a convivere con queste sensazioni.

Allora, iniziano gli «Avrei voglia di fare un viaggio», e magari i «Non ce la faccio più a fare questa vita» e poi «Le mie giornate non hanno un senso, corro di continuo», fino ai fatidici «Basta, così non posso continuare, ho deciso, cambio tutto!» È a questo punto che occorre fermarsi e pensare. Sì, perché quando ci troviamo in un vicolo cieco, e l'unica soluzione salvifica ci sembra la fuga, abbiamo un dovere primario da assolvere: salvarci da noi stessi.

Quest'affermazione non vuole essere limitante o riduttiva, ma stimolare un'attenta verifica dei nostri stati d'animo e delle emozioni che proviamo in un momento così delicato. È molto frequente, in situazioni di questo tipo, ritrovarsi a fare scelte avventate che poi pagheremmo a caro prezzo. Per ottenere il massimo beneficio da una scelta importante, è indispensabile che questa sia compiuta con equilibrio e lungimiranza.

Procedere con saggezza e cautela, non toglierà entusiasmo al nuovo progetto ma, al contrario, supporterà le decisioni prese e ci garantirà il massimo beneficio.

SEGRETO n. 1: di fronte a una situazione critica, fermati e rifletti, analizzando le motivazioni che ti spingono al cambiamento.

Dunque, il desiderio di cambiare ha radici profonde. Dicevamo che fermarsi a riflettere prima di intraprendere una nuova strada è una buona cosa. Capire il percorso pregresso che ci ha condotto a quel momento di crisi e di voglia di cambiare è sicuramente la prima azione da compiere.

Forse abbiamo dimenticato di vivere e ci siamo limitati a "sopravvivere". Lavoro-casa-amici, questa sequenza è stata, probabilmente, logorata dalla routine, oppure ha necessità di essere rigenerata o riqualificata, se non addirittura riformulata con altri parametri, altre priorità. La voglia di cambiare porta con sé molte domande.

- Che cosa voglio cambiare?
- Che cosa è importante per me?
- Quali sono le priorità che voglio e devo difendere?
- In quali aree della mia vita voglio fare delle modifiche?

Una volta trovata la risposta a questi quesiti, necessariamente non saremo più gli stessi. Ecco che allora, in base a ciò che desideriamo fare, si apriranno scenari differenti, percorsi diversi e di conseguenza, azioni diverse.

Questo ebooket è il risultato di una ricerca che io stessa ho condotto, poco tempo fa, con l'intenzione di trasferirmi alle Isole Canarie, per viverci almeno per una buona parte dell'anno. Vi chiederete sicuramente quale sia stato l'esito della mia ricerca… Ancora un po' di pazienza, voglio condividere con voi tutta la parte più interessante: la raccolta dei dati utili, abbinata alle giuste riflessioni da fare.

Più che una semplice voglia di evasione dalla quotidianità, quello che mi ha spinto a cercare una nuova dimensione è stata la necessità sempre più impellente di uno stile di vita diverso, più consono ai miei bisogni, priorità e aspettative di qualità del mio tempo. Un modo, insomma, per rendere il mio vivere, se possibile, ancora migliore.

Ed è sostanzialmente questo il desiderio di fondo che ci spinge a cercare la nostra "isola felice". Questa necessità è, per la maggior parte, alimentata anche dalle difficoltà che incontriamo ogni giorno, dalla precarietà che attanaglia giovani e meno giovani, da una parziale se non totale assenza delle istituzioni a sostegno dei cittadini, quotidianamente alle prese con difficoltà oggettive molto gravi.

Ed ecco allora, che si sogna un posto diverso da quello in cui ci troviamo. Un posto dove vivere sia più semplice, più rilassante, un luogo che ci consenta di liberare la nostra urgenza di leggerezza, appagamento e autenticità. Con questo non voglio affermare che vi sia un Eldorado che ci aspetta in qualche parte del mondo. Piuttosto mi riprometto, con questo ebooket, di sollevare alcuni spunti di riflessione, in merito alla qualità della vita che viviamo e a fornire indirizzi web utili a trovare informazioni preziose per migliorarla.

SEGRETO n. 2: focalizza l'attenzione sui tuoi reali bisogni; riuscirai così a incanalare impegno ed energie verso la giusta direzione.

Ora, se osserviamo i dati sull'espatrio degli italiani, forniti dalla Fondazione Migrantes, possiamo rilevare che sono circa quattro milioni (fonte www.italiaestera.net), sparsi in tutto il mondo. Due milioni circa si trovano in Europa, un milione negli Stati Uniti, oltre centomila in Oceania e circa cinquantamila in Africa e Asia.

La maggior parte di chi ha deciso un cambio radicale l'ha fatto perché spinta dall'amore per il paese o per il luogo in cui ha deciso di trasferirsi. Vita semplice, mare, clima temperato tutto l'anno e assenza di stress, queste le caratteristiche dei luoghi caraibici, tanto amati da noi italiani, e non solo.

Chi ha scelto questa parte del mondo per vivere e lavorare, probabilmente l'ha fatto per lo stile di vita che vi ha trovato. E poi ci sono gli Stati Uniti, la Cina, il Nord Europa, ovvero destinazioni selezionate invece da coloro che sentono il bisogno di sperimentare nuove sfide, da persone molto proiettate nel fare esperienze lavorative più avanzate, sostenute e integrate dalla cultura del paese che le accoglie.

Vediamo quindi, che vi sono necessità diverse, priorità diverse e aspettative di vita diverse. Ciascuno si orienta nelle decisioni a seconda della situazione da cui proviene, delle esperienze che ha fatto e dell'obiettivo che vuole raggiungere.

Se io non sopporto più il traffico stressante, gli orari massacranti della vita d'ufficio, priva anche della più piccola gratificazione, se non sopporto più la serie interminabile d'incombenze da svolgere, che sono solo routine e vuoto, allora dovrò necessariamente fermarmi a riflettere su che cosa sia veramente prioritario per me.

È possibile ed è alla portata di tutti. Spesso è sufficiente prendere una pausa, dedicare del tempo a se stessi e, per farlo, non occorrono grandi mezzi. Sono invece indispensabili il coraggio di riconoscere di aver bisogno di una pausa e la determinazione a trovare il proprio benessere, il proprio equilibrio e il giusto livello di qualità di vita.

Fin qui, abbiamo accennato alla necessità di un anno sabbatico, per così dire, di una pausa di riflessione, di staccare la spina per un po'. Ma quando la voglia di cambiare si fa incombente, possiamo analizzare con calma le origini di questa necessità impellente. Lo abbiamo già caldamente raccomandato in apertura di capitolo. Vediamo perché.

Quando l'insoddisfazione diventa una compagnia costante, viene spontaneo domandarsi che cosa è responsabile di questo stato di cose. Oltre a essere salutare, una sosta può essere considerata addirittura indispensabile per capire in quale direzione procedere. Una piccola analisi della nostra quotidianità, fornirà informazioni utili per identificare l'origine del disagio.

Proviene dal lavoro che svolgiamo ogni giorno? E se sì, possiamo modificarne qualche aspetto per migliorare la situazione? Oppure, i rapporti che abbiamo con i familiari, gli amici, i colleghi, sono improvvisamente divenuti pesanti, ci condizionano e ci limitano? Le ragioni possono essere molte e complesse, ed è probabile che non ve ne sia una in assoluto, ma diverse che si intersecano tra di loro causando irritabilità, scontento e desiderio di fuga.

Ora, dal momento che abbiamo esaminato il nostro modo di vivere, saremo anche in grado di capire quale potrebbe essere il primo passo da compiere per migliorare la nostra situazione. Se si tratta di una insoddisfazione legata al lavoro, potremmo analizzare le cause e vedere se sia possibile operare delle variazioni, oppure chiederci se abbiamo la necessità di cambiare attività, di trovare un'occupazione più consona alle nostre inclinazioni.

Spesso le persone vanno avanti anni, sempre con lo stesso ritmo, fino al giorno in cui hanno un crollo e si rendono conto improvvisamente di non voler più fare quella vita, che addirittura non era ciò che volevano. Queste sono crisi salutari, che ci fanno crescere, ci danno la giusta spinta a migliorare: basta essere in grado di accogliere il cambiamento che suggeriscono.

Sono molte le persone che, ad esempio, hanno deciso di abbandonare un comodo e rassicurante lavoro in ufficio, per dedicarsi totalmente alla loro passione per la terra, l'agricoltura, gli animali. Sono nate così molte aziende nel settore biologico, molti bed&breakfast, molte fattorie didattiche (vedi, ad esempio, questo sito) che accolgono le scolaresche e propongono visite organizzate.

Anche questo, come potete comprendere, è un cambio radicale. Si trasforma completamente la propria quotidianità, si concede alla nostra più profonda verità di venire a galla e ci si mette a disposizione dei nostri sogni per poterli realizzare.

Allo stesso modo, la necessità di cambiare si manifesta in chi, ad esempio, ha sempre svolto un'attività per hobby, nei ritagli di tempo, tra il lavoro e gli impegni familiari. All'improvviso, questo precario equilibrio, questo accontentarsi di qualche ora sottratta ad altri impegni per fare quello che realmente appassiona, non basta più.

Si sente la necessità di dare spazio alle proprie inclinazioni. E allora può essere che si decida di frequentare un corso di specializzazione in quel settore, per prepararsi ad accogliere al meglio un cambio di direzione lavorativa.

Ancora, può essere la necessità di sentirsi utili agli altri per onorare un nostro valore personale a spingerci al cambiamento. Potrebbe accadere che la nostra quotidianità assuma un diverso spessore se, all'interno dei nostri rapporti personali, inserissimo un nuovo approccio all'altro, dedicandoci al volontariato. Infatti, trovandoci di fronte a chi è meno fortunato di noi, possiamo comprendere il valore di ciò che possediamo, di ciò che siamo, delle grandi possibilità che abbiamo. In questo modo, dedicando una parte del nostro tempo agli altri, anche i nostri rapporti miglioreranno, perché saremo in grado di comprendere le esigenze di chi ci circonda, anche in ambito familiare.

Come potete vedere, questi sono solo alcuni esempi di cambiamento personale. Gli spunti che vi ho fornito sono solo una traccia da seguire. Se avete acquistato questo ebooket è perché volete cambiare qualcosa della vostra vita. Bene, il viaggio è già cominciato. Il primo passo da compiere, come abbiamo accennato, è rispondere alle domande che ci poniamo quando avvertiamo un pensiero costante che si insinua nella nostra mente: «Basta, mollo tutto!».

Qui di seguito, troverete una lista di indirizzi web dai quali potrete ricavare informazioni utili e tante storie di persone che raccontano la propria scelta di vita:

- www.esteri.it, il sito ufficiale del Ministero degli Esteri;

- www.viaggiaresicuri.it, un ottimo sito, una garanzia in più per chi si reca all'estero;

- www.italiansinfuga.com, il sito di un italiano che vive e lavora a Melbourne (Australia), completo e ricco di spunti interessanti;

- www.italiansonline.net, punto d'incontro per creare sinergie e integrazione tra italiani all'estero, che fornisce inoltre molti link e consigli utili;

- www.expatclic.com, sito nato da un'idea di Claudia Landini, innovativo e in grado di mettere in comunicazione donne di ogni parte del mondo, fornendo loro aiuti concreti, consigli e formazione;

- www.voglioviverecosi.com, sito in cui si trovano tante testimonianze di persone che hanno deciso di credere a un sogno. Vi è inoltre una bacheca di confronto aperta a tutti.

SEGRETO n. 3: per cambiare vita è sufficiente scegliere un altro posto in cui vivere, cambiare lavoro, oppure modificare il modo di relazionarsi con gli altri.

I rapporti che creiamo, quindi, rivestono un ruolo importante. Può accadere che, dovendo fare delle scelte, ci troviamo in difficoltà proprio perché abbiamo timore di un giudizio negativo sulle nostre aspirazioni, da parte di familiari e amici. E così, investiamo energie in azioni e progetti che non corrispondono ai nostri reali bisogni.

La conseguenza è che più frequentemente di quanto ammettiamo, ci ritroviamo a impegnare le nostre possibilità, più che per raggiungere ciò che ci sta a cuore, per confermare le logiche concrete che ostacolano la realizzazione dei nostri sogni. Vale a dire che mettiamo impegno in tutti quegli alibi che poi adduciamo come giustificazione per non dedicarci a quello che è realmente importante.

Quindi ci schermiamo dicendo: «Non posso farci nulla, tanto è così...» e «È impossibile, non ce la farò mai, è difficile...» ecc. Ed ecco che improvvisamente, quando dobbiamo parlare a noi stessi, quando ci troviamo di fronte a un ostacolo da superare, quando dobbiamo prendere una decisione, perdiamo la nostra lucidità, la nostra forza. Diventiamo meno sicuri e più spaventati e pare che tutta la nostra energia e la nostra saggezza siano scomparse.

Per comprendere questo meccanismo psicologico, è necessario fare una precisazione. È possibile che le circostanze della vita, gli ostacoli alla nostra realizzazione, possano riattivare aspetti della nostra storia personale che, evidentemente, per noi rappresentano delle difficoltà non ancora superate.

Ad esempio, affermazioni come «Non sono abbastanza bravo per...» oppure «Non sono abbastanza forte per...» sono macigni che si parano di fronte ai nostri tentativi di cambiare le cose. Si tratta di un'immagine di noi in cui neghiamo la nostra reale identità. Questo accade purtroppo molto spesso, poiché viviamo in un contesto sociale in cui, aspirazioni e autenticità vengono messe in secondo piano.

Può darsi che molte volte ci siamo ritrovati a dire: «Sì, è colpa mia... sono io che non sono all'altezza... sono io che non ho talento...» ecc. In passato, possiamo aver assunto su di noi le decisioni più opportune per la nostra crescita e in quel momento è stato anche un bene. Ma, di fronte agli ostacoli che appaiono continuamente sul nostro cammino, ecco che si ripete un copione già visto.

Qui, tutto il nostro esistere reale e quello un po' meno veritiero tornano a essere un dubbio esistenziale che può immobilizzarci. Può farci restare fermi in una "non decisione" e/o in un "blocco esistenziale", composto di continue rinunce e rifiuto di affrontare le difficoltà, obbligandoci anche a investire enormi quantità di energia.

SEGRETO n. 4: molto spesso, quella che chiamiamo "stasi esistenziale" non è altro che il risultato dei blocchi causati da noi stessi.

Siamo persone in continua trasformazione e abbiamo accettato anche maschere di identità non nostre. Queste stesse un tempo, hanno svolto l'importante funzione di farci crescere in una buona condizione offrendoci il meglio delle opportunità. La vita è un divenire e così, ogni giorno e ogni nuovo ostacolo o resistenza sono un'occasione per vedere come queste maschere siano ancora attive e all'opera dentro di noi.

In questa nuova elaborazione, ecco che tutto ciò diventa una grande possibilità per accogliere decisioni nuove a partire dall'assunzione in noi del potere reale di essere vivi *hic et nunc*. Con un efficace lavoro di cambiamento degli schemi del passato, ricaviamo nuova forza proprio dalla liberazione dei nostri nodi dell'esistenza.

Ogni persona, ciascuno di noi, ha una potente parte decisionale. Una parte saggia, sana, che opera costantemente per la nostra crescita e che proprio nei momenti di difficoltà riusciamo a sentire reale. Una capacità che ci permette di poter schematizzare in noi domande oggettive e soggettive. In questo modo, mettiamo in atto un continuo e difficile lavoro di riscatto dalle maschere tutt'altro che simboliche, da una falsa identità che non ci serve più.

Possiamo essere noi stessi di fronte agli ostacoli della vita, fermarci e prenderci il tempo per pensare a tutti gli elementi in campo, quelli oggettivi e quelli personali. Possiamo impegnarci in un patto quotidiano di fiducia con noi stessi; accettare la libertà di decidere se continuare a fingere o se cercare di realizzare una vita bella e gratificante per quanto c'è di buono nel nostro animo e per i nostri sogni.

Una volta deciso quale strada sia quella più giusta per noi, crediamo, riponiamo fiducia in ciò che pensiamo. Ritroveremo così il coraggio per farci un varco tra la coltre di angosce che blocca il nostro cammino. Ogni volta che lo faremo avremo la possibilità di prendere per mano la nostra storia e continuare così a lavorare per trasformarla in quello che desideriamo che sia.

SEGRETO n. 5: per superare gli ostacoli della vita bisogna dare fiducia alle sensazioni che affiorano e impegnarsi a fondo nel cogliere ogni opportunità di miglioramento.

RIEPILOGO DEL CAPITOLO 1:

- SEGRETO n. 1: di fronte a una situazione critica, fermati e rifletti, analizzando le motivazioni che ti spingono al cambiamento.

- SEGRETO n. 2: focalizza l'attenzione sui tuoi reali bisogni; riuscirai così a incanalare impegno ed energie verso la giusta direzione.

- SEGRETO n. 3: per cambiare vita è sufficiente scegliere un altro posto in cui vivere, cambiare lavoro, oppure modificare il modo di relazionarsi con gli altri.

- SEGRETO n. 4: molto spesso, quella che chiamiamo "stasi esistenziale" non è altro che il risultato dei blocchi causati da noi stessi.

- SEGRETO n. 5: per superare gli ostacoli della vita bisogna dare fiducia alle sensazioni che affiorano e impegnarsi a fondo nel cogliere ogni opportunità di miglioramento.

CAPITOLO 2:
Come gestire la trasformazione

Ci appare quindi indispensabile individuare ciò che non ci soddisfa più, ciò che deve essere cambiato. In buona sostanza, si tratta di riconoscere quella parte o quelle parti che non rivestono ormai un ruolo fondamentale nella nostra esistenza e che non ci gratificano abbastanza.

Capire quello che si vuole, però, non sempre è facile. È per questo motivo che io consiglio di prendersi il tempo necessario per poter operare le giuste scelte. Il fatto che alzarci al mattino per andare in ufficio sia diventato un'autentica tortura forse indica che è arrivato il momento di cambiare lavoro, oppure di modificare il nostro approccio alla quotidianità.

Possiamo affermare la stessa cosa anche per chi il lavoro non ce l'ha, scenario, purtroppo, molto comune di questi tempi, o per chi è costantemente precario, completamente in balia delle richieste "volanti" che riesce a trovare.

A maggior ragione, queste persone cercheranno un cambiamento. Questo vuol dire scegliere. Possiamo scegliere di cambiare lavoro, oppure possiamo impegnarci ad apportare le modifiche necessarie, restando dietro la nostra scrivania.

La stessa cosa è valida anche nelle altre aree della nostra vita. Facciamo una specie di check-up esistenziale, valutiamo l'intensità e la bontà dei nostri rapporti interpersonali. Cerchiamo di essere assolutamente onesti e obiettivi, ricerchiamo ogni punto d'incontro e di condivisione con le persone che abbiamo accanto, sia per i legami affettivi che per quelli di amicizia. Infine, valutiamo il posto in cui viviamo, anzi proviamo a "rivalutarlo".

Un mio vecchio amico era solito dire: «Se vuoi fuggire dalla tua città, vuol dire che non l'hai esplorata a sufficienza». Quest'affermazione è molto più veritiera di quello che potremmo pensare. Anche se abitiamo in un paesino sperduto, se abbiamo la curiosità e l'apertura mentale necessarie ad allontanarcene, basterà esplorarla per trovare nella nostra piccola cittadina cose impensabili, che magari, vivendola distrattamente, non avevamo nemmeno intravisto.

Io ho adottato questa tecnica molte volte, sia in città, sia in piccoli borghi, in quasi tutti i luoghi in cui ho vissuto, e vi assicuro che ho avuto risultati davvero sorprendenti. Basta spaziare con la mente, abituarsi ad abbattere i limiti auto-imposti; già questo è evadere, partire, viaggiare.

SEGRETO n. 6: per concretizzare i tuoi desideri devi imparare a rimuovere i limiti che ti auto-imponi.

Adesso voglio portarvi tre esempi concreti di miei amici che hanno fatto il grande salto.

La prima è stata Gabriella quando ancora, per la maggior parte di noi, non era così impellente la voglia di "mollare tutto". Comunque lei l'ha fatto. Nel 2000 andò in vacanza sul Mar Rosso. Quando tornò, aveva già scelto. Mi telefonò dicendomi: «Sai, ho deciso, mi trasferisco lì. Quando sono scesa all'aeroporto, Milano mi ha accolto con la sua nebbia e io volevo ripartire subito!»

Ecco, lei aveva trovato veramente il posto in cui stare. Tuttora vive e lavora in quella splendida località. Il salto non è stato molto facile, alcune difficoltà le ha incontrate, undici anni fa non aveva tutte le comodità che esistono ora, ma l'amore per quel luogo era tanto e tale che non avrebbe mai rinunciato a viverci.

E che dire di Piergiorgio, emigrato felicemente con la sua compagna a Capo Verde. Esperto maratoneta, ha girato mezzo mondo, ha corso nel deserto della Mauritania, in Botswana, ha vissuto in Kenya e non si perde una maratona fosse anche in capo al mondo. Mi dice che ha scelto Capo Verde per molti motivi. Primo fra tutti la popolazione accogliente e socievole, poi il clima e, non ultime, le distese desertiche che tanto lo affascinano.

Tuttora vive e lavora sull'isola di Boa Vista. In uno dei primi viaggi che fece in quelle località circa dieci anni fa, ebbe un'idea semplice ma molto funzionale: mettere a frutto la sua passione per la corsa. Così, ha studiato il territorio, è diventato una guida per escursionisti e gestisce un piccolo bed&breakfast per i visitatori.

Ancora un'altra testimonianza. Questa volta più "tecnologica". Mario ha una laurea in Informatica e ha fatto diversi master. È sempre stato un po' fuori dalle righe e ha viaggiato moltissimo. Questo fino a che, un bel giorno, ha deciso che Varese, la sua città di origine, era e sarebbe sempre rimasta "casa sua", ma lui aveva bisogno di spaziare, di crescere, di sperimentare.

Così, da esperto di web, si è dato una scadenza: entro sei mesi con le sue competenze avrebbe trovato un lavoro da freelance e avrebbe girato tutta l'Europa, lavorando con il suo amato e inseparabile pc portatile. È stata per lui un'esperienza incredibile. Nel tempo che ha dedicato a questo progetto ha costruito contatti, sinergie e collaborazioni con persone in Olanda, Germania, Inghilterra, Francia e Spagna. Ora vive e lavora tra Olanda e Inghilterra, ma non esclude di "riprogrammare" la sua vita per un altro giro di boa.

Queste sono tre storie vere di persone che l'hanno fatto: hanno cambiato vita. Sono persone come noi, che hanno alle spalle impieghi in ufficio o lavori saltuari. Non avevano delle caratteristiche specifiche, custodivano però un sogno e si sono concesse la possibilità di realizzarlo. Oltre a queste straordinarie esperienze che vi ho appena raccontato, ho un altro esempio fuori dal comune da indicarvi.

L'ho chiamato "triangolazione geografica", ed è la dimostrazione concreta di come il web e la creatività siano sempre più spesso strumenti dalle caratteristiche incredibili.

La mia amica Miriam ha ritrovato su Facebook, dopo molti anni, un compagno di scuola che aveva perso di vista. Lei, di origine argentina, vive in Italia da molti anni ed è esperta di *shabby chic*, la nuova tendenza per arredare e ristrutturare gli interni.

Il compagno di studi che ha rincontrato virtualmente, grazie al social network più famoso del mondo, vive in Olanda e si occupa di marketing e organizzazione d'impresa. Il loro ritrovarsi dopo molto tempo ha fatto sì che condividessero i rispettivi percorsi personali e professionali. Da questa felice circostanza, è nata in loro l'idea di mettere insieme le loro esperienze e creare qualcosa di unico.

È stato così che hanno progettato la creazione di un'impresa che si occupa di rinnovamento d'interni. In breve, hanno unito le loro risorse specializzandosi nel restauro e recupero di materiali e arredi. Fin qui, una bellissima scelta, ecologica per giunta, ma la caratteristica da non trascurare è che sarà realizzata… a Londra!

Hanno elaborato il loro obiettivo nei minimi particolari e lo stanno realizzando passo dopo passo. Dalla scelta del locale, all'ordinamento fiscale, passando per la campagna promozionale, insomma tutto. Le loro previsioni li portano a fissare l'inaugurazione dell'attività nel prossimo mese di settembre. Mille auguri!

SEGRETO n. 7: cambiare è possibile, devi solo riprogrammare il tuo futuro, accogliendo la possibilità di scegliere.

Che dire? Anche questo esempio è all'insegna di un cambio radicale. Quando parliamo di scelte di questo tipo, dobbiamo necessariamente essere aperti a condividerle con i nostri familiari, con gli amici ai quali teniamo di più, con le persone che ci circondano. Per arrivare a poter decidere in piena autonomia e serenità, qualunque possa essere la scelta che ci apprestiamo a fare, è indispensabile esporre chiaramente il nostro progetto ai nostri cari.

Dobbiamo essere disposti a confrontarci con loro, con obiezioni o incoraggiamenti. Questa fase della nostra scelta è molto importante, ci consente di avere un parere esterno e può darci spunti utilissimi per la realizzazione di ciò che abbiamo in mente. In ogni caso, ricordiamoci di difendere le nostre scelte, flessibili ma assertivi.

Pur restando aperti a consigli e altri punti di vista, cerchiamo di essere decisi, mettendo in conto anche gli eventuali tentativi di condizionamento da parte di chi ci circonda. Indispensabile in queste circostanze è il buonsenso. A chi è in coppia e ha figli, sarà sicuramente di aiuto parlare col partner e condividere sia il disagio e la voglia di cambiare che le eventuali soluzioni.

Non è mai una scelta felice, in questi casi, fare colpi di testa senza interpellare i propri familiari. Questi piccoli suggerimenti valgono per chiunque voglia cambiare anche solo in minima parte la propria condizione, così come per chi intende fare una scelta radicale. Quello che emerge dalle mie ultime ricerche, fatte peregrinando sul web e non solo, è che sempre più spesso, il "cambiamento" viene realizzato insieme ad altri.

Sempre più persone cioè, scelgono di recarsi all'estero, unendo le proprie forze, magari con un obiettivo comune. Le sinergie si stanno modificando e vi sono delle comunità nate a questo scopo. E poi blog e siti dedicati all'argomento forniscono utili contatti a chi decide di voltare pagina. Se visitate i link che vi ho segnalato, potrete notare che ciò che accomuna le persone, oltre al desiderio di una qualità di vita migliore, è la coscienza di un necessario ridimensionamento del consumismo.

Ormai non sono più i tempi della corsa all'ultimo gadget tecnologico, la gente sta sempre più velocemente acquistando la consapevolezza di quanto sia importante vivere, nel senso più pieno del termine, a favore del proprio tempo, della propria libertà e a discapito dell'indebitamento, della rata che più piccola non si può o del mutuo a tasso zero!

Questo popolo del cambiamento ha prima di tutto voglia e necessità di decrescita nel consumare, ha bisogno di un'indispensabile propensione a riqualificare stile di vita e rapporti. Si vuole cambiare perché si vuole finalmente "vivere", si vuole mettere al primo posto ciò che ci appassiona, ciò che ci fa comprendere quanto sia importante avere il coraggio di osare credere in un sogno.

Sì, perché sognare fa bene. Sognare si può, anzi, è caldamente raccomandato da chi ha scelto, da chi ha osato.

Chi è riuscito a dare forma al proprio sogno è incredulo della propria forza. Non immaginava che fosse così bello realizzare i propri obiettivi, così gratificante, così entusiasmante. Quindi cambiare, scegliere, può anche voler dire dare vita a un sogno, concedersi di realizzarlo. Sappiamo bene che credere nei propri sogni e cercare di realizzarli non è una cosa facile.

Esistono molte componenti che possono fare la differenza in un momento delicato della propria vita, come quello in cui si operano scelte importanti. Tuttavia, la paura di sbagliare, di essere in procinto di fare una scelta errata, può essere arginata e portata a nostro favore. Essere riflessivi, prudenti e valutare il più possibile gli effetti collaterali di una nostra decisione, ci mette nelle condizioni migliori per ottenere risultati considerevoli e soprattutto duraturi.

Più saremo obiettivi e meglio affronteremo qualunque tipo di cambiamento. Per ottenere questo equilibrio, procediamo a piccoli passi. Una volta individuato qual è l'ambito nel quale vogliamo apportare delle trasformazioni, comportiamoci esattamente come se dovessimo sviluppare una strategia per raggiungere un obiettivo. Pianifichiamo le nostre azioni.

SEGRETO n. 8: per realizzare un cambiamento di vita, come nel lavoro, occorre progettare e pianificare azioni e strategie volte a raggiungere un preciso obiettivo.

Per fare questo, è indispensabile che dentro di noi ci sia chiarezza e che la nostra meta sia precisa. Se siamo pervasi da una vaga sensazione di scontento e cerchiamo solo una via di fuga che ci porti benessere momentaneo, non faremo che complicare la nostra situazione. Dovremo fare i conti con una maggiore dose di frustrazione che deriverà dal non sapere cosa fare e dal ripiombare nello sconforto dopo una breve scarica di adrenalina.

Come ho già detto, per mia esperienza, la fase più importante è l'analisi della nostra condizione personale. Facciamo una verifica di quello che è più urgente per noi e, nel farlo, teniamo sempre ben presente quali sono le nostre priorità. Che cosa vogliamo raggiungere? Perché vogliamo recarci in quel posto? Qual è il motivo per cui vogliamo fare quella precisa cosa o per cui siamo impazienti di cambiare lavoro?

Individuiamo, prima di tutto, le domande più adatte alla nostra situazione. Prima di pianificare le nostre azioni, dovremo avere ben chiaro cosa vogliamo. Senza questa certezza, saremmo più esposti al rischio di perdere tempo prezioso e fare giri a vuoto. Non dobbiamo aver paura di domandare a noi stessi le ragioni della voglia di cambiare. Questo esercizio è la chiave che apre la porta al nostro futuro. Facciamolo con fiducia, senza sentirci costretti o limitati dai condizionamenti che abbiamo raccolto sin da piccoli.

La nostra vita ha il diritto di essere vissuta nel modo migliore. Dobbiamo essere onesti con noi stessi e con chi ci circonda, esporre le nostre necessità ed essere disposti a profondere l'impegno necessario a realizzarle. Spesso ci blocchiamo per paura di critiche o rifiuti, ma è con un'apertura totale che si superano timori e inutili limitazioni. Allora, chiediamoci cosa vogliamo veramente per noi stessi, cosa desideriamo.

Domandiamoci anche quali sono stati i benefici che abbiamo avuto nell'essere rimasti fino a quel momento nella situazione attuale. Dobbiamo staccarci dalle circostanze che viviamo e osservare il nostro quotidiano dall'esterno. In "differita", per così dire, potremo avere immediatamente un quadro completo della nostra vita.

Pensiamo alla nostra giornata-tipo. Vediamoci come se fossimo davanti alla proiezione del "film" della nostra giornata. Facciamo scorrere le immagini di noi stessi, mentre svolgiamo il nostro lavoro, mentre accudiamo la nostra famiglia, mentre ci occupiamo di tutto ciò che impegna il nostro tempo, ma soprattutto, cerchiamo di percepire le sensazioni che proviamo.

Durante questo film, ascoltiamo le emozioni che vengono a galla; siamo stufi? Non vogliamo più ripetere questo copione? Ci sentiamo pieni di "dovrei" e di rabbia? Bene, siamo nel posto giusto al momento giusto. Accettiamo l'idea che quello che viviamo è il risultato di nostre azioni pregresse. Non è una cosa negativa; se fino a questo momento abbiamo condotto un determinato stile di vita, certamente un motivo ci sarà stato.

Quello che conta è che ora dobbiamo ripartire da questa esperienza. Salvaguardiamo la nostra autostima in questo processo di cambiamento. Ciò che abbiamo fatto finora è comunque stato utile; abbiamo compreso ciò che per noi è importante, ciò che va cambiato o che va eliminato perché inutile, se non addirittura dannoso.

Accogliamo, perciò, le scelte che abbiamo compiuto fino a questo momento, in quanto giuste e adatte a noi e alle circostanze. Evitiamo sensi di colpa che sarebbero assolutamente fuori luogo. La nostra forza sta nell'accettare le situazioni per come sono e nell'adoperarci per creare un miglioramento che ci porti allo stile di vita che desideriamo.

SEGRETO n. 9: la tua situazione attuale è il risultato di azioni e scelte pregresse; per il futuro, è possibile migliorare scegliendo con attenzione valori e priorità.

A questo punto, dopo aver riflettuto e tratto le debite conclusioni, possiamo iniziare a concentrarci sulla vera e propria pianificazione del nostro progetto di vita. Per esperienza, vi raccomando di non darvi mai un *aut/aut*. Non formuliamo mai cioè, i nostri progetti con la clausola: «Rimango al lavoro o mi licenzio», «Resto in famiglia o chiedo la separazione»; oppure «Mi trasferisco in Brasile o resto a Ladispoli».

Questo per sottolineare che avere esclusivamente due sole opzioni genera grande indecisione. Non avremo la sensazione della certezza, saremo combattuti e quindi resteremo immobili, trovando molta difficoltà nel decidere. Inserire in queste doppie scelte una terza possibilità può essere d'aiuto.

Ad esempio, «Rimango al lavoro e nel frattempo mi attivo per trovare una nuova occupazione/passione che soddisfi le mie aspettative per cambiare attività senza stress», e ancora «Affronto le problematiche che vivo in famiglia e creo la possibilità di confrontarmi con mia moglie/marito, per capire se effettivamente vi sia la reale necessità di una separazione oppure è possibile recuperare il rapporto». Infine, tra Ladispoli e il Brasile ci sono molti chilometri: una buona idea sarebbe organizzare, come accennavo nel capitolo precedente, un "cambio-prova", trascorrendo tre mesi nella località scelta, con tutti gli accorgimenti del caso, come vedremo più avanti e una discreta dose di buonsenso.

Questa potrebbe essere una soluzione alternativa, garantita da una prova di efficacia sul territorio. In tal modo, invece di rimanere intrappolati in un meccanismo rigido del tipo: «Se non sto bene qui, devo per forza decidere e fare subito un'altra cosa», ci forniremo l'opportunità di scegliere. Non impegniamoci in decisioni traumatiche solo perché pensiamo di dover dimostrare qualcosa o per paura di sembrare incoerenti.

Cambiare richiede tempo, cura di noi stessi e delle nostre emozioni. Prendiamoci tutto il tempo che ci occorre, o meglio… affrettiamoci lentamente. Questo intervallo di riflessione, serve a schiarire le idee e a gettare le basi della futura trasformazione, ma non indugiamo oltre, altrimenti rimarremo imprigionati nella paura del nuovo e non usciremo dalla nostra cara e affezionata routine.

Per aiutarci in questa circostanza così delicata, cominciamo col prendere del tempo solo per noi stessi. Ritagliamoci degli spazi, all'interno dei quali siamo solo noi a dirigere il traffico dei nostri pensieri. Utilizziamo ogni giorno dieci o venti minuti, per esaminare l'origine del nostro scontento. Analizziamo le probabili cause, gli eventuali sviluppi futuri della situazione, in caso la lasciassimo esattamente com'è; verifichiamo, inoltre, l'ipotetico esito della decisione che vogliamo prendere.

Proviamo a immaginare quale potrebbe essere lo scenario, se decidessimo di prendere quella specifica strada. Dobbiamo essere certi del fatto che il nostro inconscio è in grado di darci le giuste indicazioni. Quella vocina che sentiamo dentro la nostra testa e, a volte, rifiutiamo di ascoltare, sa esattamente cosa sia meglio per noi. In molte occasioni ho avuto modo di riscontrare personalmente la validità di quest' affermazione.

In passato, quando mi sono trovata ad affrontare un problema, mi è accaduto di dover ricorrere a soluzioni alternative proprio perché non avevo dato ascolto al mio cosiddetto "sesto senso". Ascoltiamo attentamente, quindi, le sensazioni che riceviamo da contingenze, persone o addirittura luoghi. Le indicazioni che ci arrivano da queste intuizioni sono di gran lunga più utili di mille ragionamenti.

Quando ci raccogliamo in noi stessi per pensare, progettare e decidere, ricordiamoci anche di far tesoro delle esperienze passate. Se in precedenza abbiamo fatto degli errori, questi oggi ci saranno utili per non ripetere gli stessi sbagli. Se finora, abbiamo pensato che per vivere bene, serenamente, dovevamo avere un lavoro fisso e tutta una serie di sicurezze, ora potremmo avere la necessità di fare esperienze diverse, più stimolanti.

L'aver vissuto fino a questo momento con certe linee guida, non significa che abbiamo sbagliato, ma solo che abbiamo percorso una delle possibili strade. Accettiamo di poter cambiare direzione. Solo chi rimane legato alle proprie convinzioni non accede alle nuove esperienze di vita.

Il vantaggio di accettare un cambiamento si riflette in tutte le aree della nostra esistenza. Questa scelta presuppone che, chi si mette in discussione e cerca di migliorarsi raccoglie maggiori opportunità e può così ottenere sicuramente quel miglioramento cui tanto aspira. I suggerimenti che ho fornito fin qui sono utili per imparare a scegliere che tipo di vita desideriamo condurre ma, per mettere in pratica la teoria, occorre fare esercizio.

Quindi abituiamoci a scegliere consapevolmente, ogni giorno, dalle piccole alle grandi cose. In questo modo, svilupperemo un'attitudine nuova e forte per affrontare le scelte da compiere in modo sereno e molto costruttivo.

SEGRETO n. 10: imparando dalle esperienze del passato e mettendosi in gioco ogni giorno, è possibile crescere e raggiungere la qualità di vita desiderata.

RIEPILOGO DEL CAPITOLO 2:

- SEGRETO n. 6: per concretizzare i tuoi desideri devi imparare a rimuovere i limiti che ti auto-imponi.

- SEGRETO n. 7: cambiare è possibile, devi solo riprogrammare il tuo futuro, accogliendo la possibilità di scegliere.

- SEGRETO n. 8: per realizzare un cambiamento di vita, come nel lavoro, occorre progettare e pianificare azioni e strategie volte a raggiungere un preciso obiettivo.

- SEGRETO n. 9: la tua situazione attuale è il risultato di azioni e scelte pregresse; per il futuro, è possibile migliorare scegliendo con attenzione valori e priorità.

- SEGRETO n. 10: imparando dalle esperienze del passato e mettendosi in gioco ogni giorno, è possibile crescere e raggiungere la qualità di vita desiderata.

CAPITOLO 3:

Come organizzare il progetto di cambiamento

Abbiamo già detto che cambiare vita può essere considerato un vero e proprio obiettivo e come tale, per essere realizzato, necessita di strategie e di un piano B, ovvero il cosiddetto "paracadute".

Esaminiamo questi due termini. La "strategia" è un piano d'azione che ci aiuta a raggiungere il nostro scopo, che si tratti di recarci all'estero, cambiare lavoro, o qualunque altro progetto. È costituito da una serie di domande iniziali che dobbiamo porci, dalle quali partire, per avere la visuale a 360 gradi su tutto ciò che ci è utile sapere. Per rispondere a queste domande, dovremo necessariamente attivarci per trovare le fonti alle quali rivolgerci, se non abbiamo gli strumenti per rispondere da soli, e per recuperare i dati oggettivi sui quali lavorare. Facciamo un esempio.

Supponiamo di volerci trasferire all'estero. Come prima cosa dovremo informarci sulla situazione politica e sociale del paese di nostro interesse. Letture mirate sul sito della Farnesina o del Sole24Ore ci daranno queste informazioni, oltre ovviamente ad altre fonti specifiche che potremo cercare in modo autonomo. Si tratta di un passo molto importante, perché ci consente di valutare a priori lo scenario che potremmo trovare una volta arrivati sul posto, permettendoci così di prevenire eventuali sorprese o inconvenienti.

Quindi le risposte a domande come: «Quali sono i documenti necessari per richiedere un visto turistico della durata di tre mesi?», oppure «Quali sono i requisiti per avere accesso alle cure mediche e ospedaliere?», e ancora «Dove si trova il Consolato italiano, al quale rivolgersi in caso di necessità?», forniscono dati di base importantissimi per arrivare in loco sapendo già come muoversi.

Oltre a questo, ci saremo organizzati ricercando e contattando strutture di accoglienza (ostelli, alberghi, case in affitto), chiedendo in anticipo informazioni su date disponibili e costi. Lo stesso dovremo fare per quanto riguarda il lavoro.

Se decidiamo di andare all'estero, sarà utile organizzare una vacanza-sopralluogo di almeno tre mesi nel posto desiderato.

Sarà ovviamente indispensabile avere un minimo di garanzia economica per far fronte a necessità improvvise. In ogni caso, potrebbe essere vantaggioso e interessante proporsi, almeno inizialmente, per piccoli lavori anche saltuari, per i quali appunto non sia necessaria la presentazione di permessi diversi da quello turistico. Da sottolineare che vi sono siti internet, come www.jobrapido.com in cui si possono trovare le richieste di personale per numerosi paesi, sia in l'Europa che oltreoceano. È perciò possibile, ancora prima di partire, interpellare le aziende che cercano figure professionali per avere un primo contatto via mail o telefono e avviare così un canale di comunicazione al quale poi seguirà il colloquio sul posto, con l'esposizione del proprio curriculum. Il web offre molte opportunità, che prima di internet erano delegate quasi esclusivamente al passaparola o lasciate al caso.

SEGRETO n. 11: se scegli di recarti all'estero, non dimenticare di usare internet per reperire tutte le informazioni di base necessarie e risparmiare tempo da dedicare al progetto.

Il mio consiglio è quello di esplorare da subito il mondo lavorativo del paese dei sogni. È indispensabile per inserirsi e conoscere la realtà locale, che si vivrebbe diversamente se ci si ponesse, anche se solo per tre mesi, esclusivamente come turisti. Questo suggerimento può essere utile anche se si cambia città, all'interno della nostra cara Italia.

Anche da noi, pur essendoci regole e strutture di base molto simili, da comune a comune e ancora da regione a regione, cambiano sia il modo di interagire sia le caratteristiche del bacino di offerta/richiesta lavoro. Nei miei trasferimenti, in Italia, ho sempre ricevuto molto supporto dai servizi offerti dai comuni: selezione del personale, colloqui orientativi, consultazione delle offerte di lavoro e, non ultima, la biblioteca comunale. Ricordo di aver trovato uno dei miei primi lavori da freelance tramite una richiesta affissa sulla bacheca della biblioteca comunale del luogo in cui mi ero recata.

Altra nota importante è quella che riguarda la vita sociale del posto che abbiamo scelto. Sia all'estero che in una nuova città italiana che visitiamo o dove vogliamo trasferirci, informiamoci sulle feste locali, le ricorrenze, i monumenti importanti, tutto quello che interessa la storia di quel posto. Si tratta di informazioni fondamentali per sentirci, prima di tutto, meno spaesati e poi per ottenere il massimo beneficio dall'esperienza che ci accingiamo a fare. In questo modo, infatti, parteciperemo attivamente alla vita del paese e avremo raccolto esperienze che nel tempo costituiranno un buon bagaglio.

Dicevamo poco sopra dell'importanza di rimanere, per almeno tre mesi, nella località scelta in modo da avere il tempo di sperimentare concretamente com'è la vita nel luogo a lungo sognato. Tre mesi possono essere sufficienti per capire se il nostro desiderio può avverarsi o se quello che abbiamo trovato non corrisponde a ciò che immaginavamo. Ecco perché occorre pianificare la partenza, raccogliendo più informazioni possibile.

Fare questo sul posto sarebbe molto difficile e richiederebbe tempo, specie se non conosciamo molto bene la lingua ufficiale. Una volta che avremo trovato il luogo dove alloggiare e avremo iniziato a vivere il territorio in modo concreto, raccoglieremo le nostre impressioni e decideremo. Se restiamo, potremo percorrere più strade, come perfezionare la lingua, cercare contatti per svolgere il nostro lavoro e imparare tutto ciò che possiamo sulla cultura e sulla storia del luogo che abbiamo scelto.

SEGRETO n. 12: il trucco per organizzare al meglio un cambiamento di vita è pianificarlo nei minimi dettagli, valutando anche eventuali alternative da sviluppare.

Una precisazione è d'obbligo. Mentre raccogliamo le informazioni che ci occorrono per progettare la realizzazione del nostro obiettivo, non dovremo dimenticare di cercare nei forum dei vari siti che ho consigliato e di altri che inserirò nei prossimi capitoli, i contatti di coloro che si trovano già nel paese di nostro interesse. Oltre ad avere informazioni "in diretta" su tutto quello che occorre in merito a documenti e quant'altro, avremo anche la possibilità di accordarci per un contatto sul posto.

Avere un riferimento che possa accoglierci e darci supporto e consigli, non è cosa da poco. Il popolo dei migranti è da sempre solidale con tutti quelli che chiedono consiglio e non è escluso che possano nascere sinergie di grande valore. Non dimentichiamolo.

Arriviamo ora a esaminare il secondo termine che abbiamo citato all'inizio del capitolo. Dopo aver parlato di "strategia", è il momento di capire che cosa significa "piano B", ovvero il paracadute. Per "piano B", espressione degna di un film di spionaggio, s'intende una serie di accorgimenti da prendere per avere la possibilità di affrontare eventi imprevisti, improvvisi e molto probabilmente non proprio produttivi.

Supponiamo, ad esempio, di essere arrivati alla nostra ambita destinazione, con tutte le informazioni necessarie, i primi contatti di lavoro e l'alloggio già prenotato. Quindi, le necessità principali soddisfatte. Immaginiamo per un momento che cosa potrebbe verificarsi se, all'improvviso, gli accordi presi per il lavoro saltassero e se scoprissimo che l'alloggio non corrisponde a quello che ci era stato prospettato.

Pensiamo poi, per assurdo, di ritrovarci totalmente delusi dalla scelta fatta, ancora prima dei tre mesi previsti.

Nelle prime due ipotesi, il piano B potrebbe essere quello di scorrere nella lista "contatti di lavoro" e "affitti", che ci siamo premurati di portare con noi, i nominativi a seguire. Contattare sul posto un nuovo datore di lavoro potrebbe fornirci altre opportunità e la possibilità di risolvere la momentanea difficoltà. Ecco il perché di pianificare, prima della partenza, diverse opzioni alle quali ricorrere in caso di necessità. Possiamo dire lo stesso anche per la riserva economica sulla quale poter contare e che dobbiamo stabilire con oculatezza, calcolando anche l'eventuale spesa di biglietto aereo di ritorno.

Identica procedura per l'alloggio: scorrendo la lista dei recapiti e chiedendo sul posto, sarà possibile trovare una soluzione migliore e più consona alle nostre esigenze.

Ma che fare se il sogno non si rivela tale? Immergersi nella realtà locale è sempre consigliato, proprio perché aiuta a capire come veramente vive la gente del posto, non nei villaggi turistici o nelle località create esclusivamente per la villeggiatura; vivere con la gente del posto è indispensabile per un esame concreto della nostra scelta.

Che fare allora se il nostro sogno svanisce o peggio si trasforma in un incubo? È indubbio che la programmazione iniziale, organizzata come abbiamo spiegato, riduce al minimo questo rischio. Tuttavia, se dovessimo ritrovarci a vivere una situazione intollerabile, saremmo anche in grado di capovolgere il nostro stato d'animo, arginando con qualche piccolo accorgimento il disagio.

Questo è indispensabile al fine di evitare di trarre conclusioni affrettate sulle nostre scelte e prendere decisioni sull'onda di sensazioni negative.

SEGRETO n. 13: è fondamentale imparare a gestire imprevisti e ostacoli con la dovuta calma; mai prendere decisioni in momenti di ansia e stress, non sarebbero obiettive.

Innanzitutto, ripercorriamo tutto l'iter che abbiamo fatto per arrivare lì e registriamo le sensazioni che affiorano da questa nuova consapevolezza. Una volta che abbiamo deciso di cambiare idea – sì, perché possiamo anche cambiare idea senza per questo sentirci in colpa – osserviamo tutto quello che arriva, in completa libertà. Molto spesso, rilassandoci ed eliminando ansia e rigidità, vedremo profilarsi nuovi scenari, e le situazioni si evolveranno in modo migliore.

L'ultimo appello, prima di decidere, è determinato da quello che raccoglieremo in questo nuovo modo di essere. Prima di mollare, rivalutiamo il motivo per cui ci siamo recati in quel preciso luogo e aspettiamo una conferma dagli eventi. È importante che non ci sentiamo intrappolati nella scelta, diamoci delle possibilità differenti, cerchiamo soluzioni diverse e, solo nel caso in cui ciò che abbiamo trovato non soddisfi nessuna delle nostre priorità o bisogni, allora opteremo per un rientro.

Ricordiamoci tuttavia di non arrenderci alle prime difficoltà, le scelte aiutano a crescere. Quindi, una volta appurato che abbiamo ampie possibilità, che molto dipende da come noi gestiamo gli eventi per trarne il massimo beneficio, con queste premesse, siamo in grado di organizzare concretamente un nuovo approccio al nostro cambiamento.

Torniamo ora alla pianificazione pre-partenza. Per rendere "reale e concreto" il nostro salto, fissiamo una data entro la quale dovremo aver programmato e svolto tutti i passi necessari alla realizzazione del nostro sogno. Il margine di tempo che ci concederemo dovrà essere ragionevole e valutato in base alla scelta da fare. Se, ad esempio, vogliamo cambiare lavoro, dovremo fissare un minimo di tre o sei mesi per sviluppare e testare il cambio, magari mantenendo in essere la nostra attuale occupazione, se ne abbiamo una.

Questo per permetterci di organizzare ogni aspetto della nuova situazione che andremo a creare. A volte, il margine di tempo serve più a noi per abituarci all'idea che non alla realizzazione stessa.

Se invece, vogliamo espatriare, oltre a fissare il periodo della partenza, in base al clima più idoneo ad accoglierci, andremo subito a informarci su tutto quello che riguarda visti e documenti che magari, necessitano di tempo per essere preparati.

SEGRETO n. 14: è opportuno ricordare che qualunque scelta fatta potrà essere ripensata e modificata, senza per questo perdere stima e fiducia nelle proprie capacità.

Ed eccoci arrivati al momento cruciale: la lista delle cose da fare. Come vi accennavo poco sopra, occorre stabilire innanzitutto qual è il nostro obiettivo. Supponiamo di volerci recare per tre mesi in una località straniera, ecco una lista-tipo di informazioni da cercare su internet e di cose da verificare:

- verificare le regole per il permesso di soggiorno;
- controllare se ci sono vaccinazioni obbligatorie;
- informarsi sulle lingue parlate;
- prendere nota della sede del consolato italiano;
- prendere nota della sede dell'ospedale più vicino al luogo in cui intendiamo recarci;
- verificare quali sono le carte di credito accettate (sempre meglio acquistare una carta prepagata, in modo che, in caso di smarrimento o furto, il danno resti limitato; inoltre è facilmente ricaricabile anche da parenti o amici in Italia);

- controllare la validità di carta di identità e passaporto;

- stabilire se stipulare eventuali assicurazioni prima della partenza (auto, possibili furti, assistenza sanitaria);

- preparare la lista dei contatti di lavoro presi in precedenza e stampare le mail di eventuali accordi già stipulati per colloqui da fare;

- stessa procedura per gli accordi in merito all'alloggio; predisporre una lista di indirizzi alternativa;

- procurarsi una guida turistica del luogo, ogni libreria ben fornita ne avrà sicuramente una.

Nel caso dovessimo portare con noi il nostro amico a quattro zampe, la cosa diventa un po' più complicata. Posto che non sia possibile lasciarlo ai propri familiari, che sarebbe la soluzione migliore, dovremo recarci dal veterinario; ci preparerà un vero e proprio passaporto con certificato allegato che attesta la salute del nostro amico.

Viaggerà nel trasportino, se è un gatto o un cane di piccola taglia, oppure in gabbia, se è di dimensioni considerevoli, e il consiglio è quello di sedarlo prima dell'imbarco, in modo che non si spaventi e possa arrivare a destinazione senza subire traumi o stress. In ogni caso il medico saprà darci tutti i consigli necessari.

Bene, occupiamoci ora di stilare un'altra lista-tipo, ovvero quella delle cose da fare se vogliamo cambiare occupazione. Occorre fare una premessa. Anche in questo caso, è molto importante individuare quale caratteristica primaria deve avere il nostro nuovo lavoro. Che si tratti di uno stipendio più alto, oppure di una maggiore gratificazione nello svolgerlo o ancora che sia la realizzazione di un hobby che diventa finalmente il lavoro principale, è importante partire dalle sensazioni che ci procura pensare di riuscire a realizzarlo. Vediamo quindi come procedere se cerchiamo un nuovo impiego.

Stabiliamo, innanzitutto, se lo cerchiamo nella nostra zona e se sì, facciamo un elenco dettagliato di tutte le aziende presenti. Nel caso non riuscissimo a individuare ciò che cerchiamo, valutiamo se siamo disposti a trasferirci in un'altra città, magari nella stessa regione. Procediamo quindi selezionando nuovamente tutte le aziende che ci interessano.

Non escludiamo nessuna possibilità, spesso sono le imprese più piccole a offrire le maggiori garanzie. Molto dipende anche dal tipo d'impiego che cerchiamo. La regola fondamentale comunque è essere flessibili e soprattutto non smettere di cercare e non fermarsi ai primi eventuali esiti negativi.

Come procedere se invece vogliamo realizzare un progetto tutto nostro? La frase «I sogni hanno mille colori» sta a significare che le idee possono essere tante e complesse. Se, ad esempio, siamo appassionati di pesca e vorremmo occuparmi esclusivamente di questo, dovremo necessariamente fare a monte delle considerazioni.

Se viviamo in un posto di mare, nessun problema. Potremmo pensare, ad esempio, di specializzarci nell'allevamento ittico, creando un business plan del progetto e cercando finanziamenti per realizzarlo. In questo modo, avremmo anche la possibilità di svolgere il nostro hobby/lavoro ogni giorno, dal momento che nel tempo produrrà gettito economico.

Se invece abitiamo in un paesino fuori mano, possiamo sempre optare per un allevamento di pesce d'acqua dolce… oppure potremmo trasferirci. Questo, naturalmente, è solo un esempio!

So già che qualcuno potrebbe obiettare che in teoria è facilissimo, ma nella pratica è più difficile. Non significa però che dobbiamo gettare la spugna a priori. Proprio perché crediamo nei nostri sogni, abbiamo il dovere di impegnarci nel realizzarli!

Di fondamentale importanza è individuare bene l'idea che ci entusiasma. Una volta fatto questo, sediamoci e con calma rispondiamo alle seguenti domande.

- Perché voglio realizzare questo sogno?
- Questo progetto voglio realizzarlo da solo o penso di aver bisogno di soci o collaboratori?
- Che cosa mi occorre per realizzarlo?
- Quali risorse (fondi, competenze ecc.) ho personalmente?
- Dove voglio realizzarlo?
- Che cosa mi prefiggo di ottenere facendo questo?
- In quanto tempo penso di realizzarlo?
- A chi posso chiedere supporto?
- Qual è la prima cosa che devo fare?

- Come mi sentirò quando avrò realizzato il mio progetto?

Queste sono solo alcune delle domande che aiutano a focalizzare la nostra meta. Ricordiamo che, più saremo precisi nell'individuare lo scopo e la destinazione del nostro progetto e più possibilità avremo che si realizzi.

Le liste che ho proposto sono solo un'indicazione iniziale per cercare di non lasciare nulla al caso. Sono accorgimenti che, una volta messi in pratica, ci consentono di concentrarci liberamente su tutti gli aspetti decisionali ed emotivi e sulle aspettative che nutriamo riguardo al nostro progetto di vita.

Ecco alcuni link di siti che io stessa ho utilizzato nel mio progetto di cambiamento:

- www.jobtel.it, sito molto ricco di suggerimenti e consigli pratici per formulare i nostri progetti;
- www.cambiolavoro.com, in cui sono presenti tutte le richieste dei "cacciatori di teste" (*head hunter*);
- www.jobrapido.com, che raccoglie offerte di lavoro da tutto il mondo;

- www.guidalavoro.net, sito in cui sono presenti preziose informazioni per chi vuole cambiare occupazione;

- www.orientamento.it, in cui sono raccolti guide e percorsi importanti per indirizzare le scelte dei visitatori;

- www.stepstone.it, sito molto valido per segnalazione di stage e percorsi formativi.

SEGRETO n. 15: visualizzare il sogno di vita rende possibile la sua realizzazione. Non si devono mai limitare capacità e intuito: sono i presupposti per giungere a soluzioni creative.

RIEPILOGO DEL CAPITOLO 3:

- SEGRETO n. 11: se scegli di recarti all'estero, non dimenticare di usare internet per reperire tutte le informazioni di base necessarie e risparmiare tempo da dedicare al progetto.

- SEGRETO n. 12: il trucco per organizzare al meglio un cambiamento di vita è pianificarlo nei minimi dettagli, valutando anche eventuali alternative da sviluppare.

- SEGRETO n. 13: è fondamentale imparare a gestire imprevisti e ostacoli con la dovuta calma; mai prendere decisioni in momenti di ansia e stress, non sarebbero obiettive.

- SEGRETO n. 14: è opportuno ricordare che qualunque scelta fatta potrà essere ripensata e modificata, senza per questo perdere stima e fiducia nelle proprie capacità.

- SEGRETO n. 15: visualizzare il sogno di vita rende possibile la sua realizzazione. Non si devono mai limitare capacità e intuito: sono i presupposti per giungere a soluzioni creative.

CAPITOLO 4:
Come ottenere il meglio dal cambiamento

Nei capitoli precedenti abbiamo potuto intravedere che cosa voglia dire riflettere sul desiderio di cambiare, su quali possano essere le origini di questa necessità. Partendo da un esame il più possibile obiettivo della nostra situazione, abbiamo costruito intorno alla voglia di cambiare una struttura adatta a sostenere le nostre nuove azioni.

Nuove azioni per un nuovo equilibrio, per una nuova vita, un nuovo lavoro, una più alta qualità del nostro tempo. Per elaborare un nuovo progetto/obiettivo di cambiamento, abbiamo formulato una procedura e ci siamo attivati per concretizzarla. Come abbiamo potuto constatare, non è stato molto difficile: un poco di determinazione, una scaletta da seguire e l'aiuto del web.

Ma quello che si è rivelato veramente importante, è stato imparare a focalizzare le nostre vere necessità.

Aver dedicato del tempo a individuare ciò che davvero vogliamo è un grande passo. Averlo fatto, ci porta fuori dal meccanismo ripetitivo della routine quotidiana, ci libera dai numerosi: «Non posso...», «Non ci riesco...», «Chissà cosa succederebbe se...». Esserci presi in carico, aver dato la priorità a ciò che è diventato fondamentale per noi, ci consente di essere più chiari e determinati su come dovrà essere il nostro futuro.

Aver scelto di ascoltare il nostro disagio e accettare di cambiare ciò che è divenuto obsoleto è un atto coraggioso e aumenta la nostra autostima. Noi meritiamo tutta la nostra attenzione, tutta la nostra energia, abbiamo il diritto di vivere una vita piena e appagante. Uscire dai nostri schemi rigidi, dalla nostra cosiddetta "zona di comfort", riattiva l'intelligenza emotiva e ci spinge a stimolare il lato creativo della nostra personalità.

Metterci in gioco riporta ai giusti livelli la nostra crescita personale. Imparando a fare cose nuove siamo obbligati a utilizzare nuovi schemi mentali, nuove strategie, e dobbiamo necessariamente modificare il nostro approccio alle cose. Già questo è un ottimo stimolo; potremo poi consolidare nel tempo quelle nuove attitudini che si rivelano più adatte al nostro modo di essere e integrarle così nella personalità. In ogni caso, avremo fatto una nuova esperienza e saremo cresciuti.

A ben vedere, dal momento che la procedura adottata per raggiungere questo scopo, può essere applicata a situazioni e contesti diversi, potremmo affermare che si tratta di un vero e proprio metodo. Identificando i suoi punti di forza e utilità, saremmo in grado di riassumerli nell'acronimo O.S.A.R.E., in cui:

- "O" sta per Obiettivo che ci siamo posti;
- "S" sta per Scelta che abbiamo fatto;
- "A" è l'Azione che abbiamo compiuto per raggiungere il nostro obiettivo/scopo;
- "R" sta per Risultati, quelli che abbiamo ottenuto;
- "E" sta per Esperienza, cioè la nuova esperienza che ci apprestiamo a vivere.

Quindi O.S.A.R.E. può essere, a volte, l'unica vera azione da compiere per vivere veramente.

SEGRETO n. 16: adotta l'acronimo O.S.AR.E. come griglia guida per organizzare ogni tuo nuovo progetto, ti aiuterà nella sintesi dei passi da compiere.

A corredo di questo metodo sono indispensabili il coraggio, la fiducia e la passione. Il coraggio ci aiuta a osare, a intraprendere strade nuove, nuovi modi di pensare, a fare scelte diverse. La fiducia è il potentissimo motore che ci permette di realizzare la nostra passione.

Avere fiducia non costa nulla, ci mette nella condizione di vantaggio rispetto agli eventi. Qualunque sviluppo possano avere le nostre scelte, saremo sempre noi ad avere l'ultima parola su quello che è più giusto fare. Quindi fiducia è sinonimo di sicurezza.

Abbiamo ancora un altro strumento a nostra disposizione: l'atteggiamento proattivo. Essere proattivi significa avere la capacità di scegliere come interagire all'interno di una situazione. Anziché reagire automaticamente, ad esempio a un contrattempo o a un intoppo, possiamo decidere di fermarci un momento e valutare in che modo rispondere alla cosa.

È un esercizio molto valido, nel caso di difficoltà che potremmo incontrare, come nell'esempio dell'alloggio all'estero, o in caso di un colloquio per un nuovo lavoro. Scegliere come agire elimina eventuali effetti collaterali delle nostre reazioni incontrollate a cose, persone o eventi. Ora, quello che abbiamo appena descritto è lo stato d'animo più giusto per intraprendere un cambiamento nonostante l'inevitabile e direi, quasi salutare, ansia.

Intraprendere una nuova strada, cambiare schema comportamentale, mettersi in gioco con una nuova attività, sono percorsi che cambiano profondamente la nostra personalità e la arricchiscono di esperienza e lezioni di vita. Cambiare è crescere. Pensiamo, per un attimo, a tutto quello che potrebbe accadere se decidessimo di passare tre mesi in un paese straniero. Impareremmo un altro modo di vivere, potremmo conoscere una cultura diversa, nuove usanze, nuove persone.

Immaginiamo quale l'entusiasmo e l'energia che proveremmo al momento di arrivare in aeroporto, alle conoscenze che faremmo già durante il viaggio. Questo è il grande valore del cambiare. Potersi confrontare con abilità e stili di vita diversi, imparare ad ascoltare, a vedere, in modo nuovo, tutti i particolari di una popolazione diversa dalla nostra.

I rapporti soprattutto, quelli che costruiremo ma anche quelli che sono già in essere, saranno di certo più profondi. Le nostre relazioni saranno arricchite da queste nuove esperienze e i legami che andremo a creare saranno nati all'insegna di un contributo più libero ed equilibrato da parte nostra.

SEGRETO n. 17: ricorda che cambiare è crescere, ogni vissuto è portatore di ricchezza interiore.

È un fatto assodato, ad esempio, che la solidarietà tra le persone, specie all'estero, assume un'importanza di rilievo. L'essere accomunati da provenienza, da situazioni o semplicemente condividere un tratto di strada assieme, mette l'individuo nella condizione di apertura verso l'altro.

Meno diffidenza, più spirito di comunione e accettazione, è quello che può verificarsi più spesso di quanto crediamo, a dispetto di luoghi comuni come: «Non ci si può fidare più di nessuno...», «Chiunque può fregarti...» ecc.

Ovviamente, essere previdenti e usare prudenza sarà indispensabile. Non sarebbe costruttivo invece chiudersi a riccio per paura degli altri. Quindi O.S.A.R.E. sì, ma con saggezza.

Come dimostrato negli esempi che ho portato nel secondo capitolo, gli scambi interculturali possono avere sviluppi impensati. Nel caso di quella "triangolazione geografica", come ho voluto chiamarla, due persone, provenienti da due paesi diversi, si sono unite per creare un progetto lavorativo, in un terzo paese. Questa circostanza ha dello straordinario.

Certo, non dovrebbe stupire in un contesto storico dove la globalizzazione ormai è consolidata. A ben vedere, però, un caso del genere fa sempre riflettere e, se vogliamo, ispira fiducia, comunica positività. Ci permette di continuare a credere che le cose belle e positive sono ancora possibili se, prima di tutto, noi stessi ci impegniamo a crearle.

Scegliendo di dedicare i nostri sforzi e il nostro impegno alla realizzazione di quello che è importante per noi stessi, metteremo in campo energie impensabili. Inoltre, imparando a condividere con gli altri il nostro percorso personale, le emozioni e le idee, creeremo sinergie positive, arricchendo noi stessi e tutti coloro che si troveranno a interagire con noi.

Sempre più spesso, nel momento attuale, stiamo assistendo alla grande forza che comunica la parola "condivisione". Non mi riferisco ai social network che, nonostante siano strumenti validissimi e annullino distanze e tempo hanno, a mio avviso, una carenza di impatto emozionale, credo dovuta all'enorme massa di informazioni e contenuti, proposta in modo congestionato.

Faccio riferimento, invece, ai grandi progetti che stanno nascendo in tutto il mondo, orientati all'eco-sostenibilità, alla crescita personale e spirituale dell'individuo.

Questi progetti sono portati avanti da persone che un giorno hanno deciso di "cambiare vita" e sono diventate nel tempo, dei veri e propri aggregatori di cuori.

Hanno fatto da punto di riferimento per chi cercava le stesse risposte e desiderava la stessa cosa: migliorare la qualità della propria vita e dare un contributo per migliorare anche quella degli altri. Un esempio su tutti è il sito di *lifegate*, orientato proprio a fare informazione e fornire utili spunti di riflessione su come realizzare un nuovo stile di vita.

Chi ha creato questo tipo di portale ha creduto fermamente in un'idea e si è attivato per realizzarla, condividendo i propri principi e mettendo a disposizione di tutti le proprie conoscenze. Vi porto, poi, un vero esempio di "decrescita felice": Simone Perotti. Lui stesso vi racconterà la sua evoluzione da manager molto impegnato e stressato a uomo libero di coltivare le sue passioni vere. Un esempio lampante di una persona che ha avuto il coraggio di credere nelle proprie passioni, nelle proprie aspirazioni. La sua testimonianza, le sue scelte, raccontano che è possibile realizzare ciò che sogniamo, qualunque cosa sia.

SEGRETO n. 18: puoi superare ogni timore condividendo i principi in cui credi, avendo il coraggio di essere fedele ai tuoi sogni e attivando la parte creativa della tua mente.

Nella mia esperienza personale, ho assistito alla nascita di vere e proprie sinergie intellettuali e lavorative tra persone di nazionalità e culture completamente diverse. Ho chiesto, più di una volta, ai protagonisti di queste bellissime evoluzioni, quali fossero i punti in comune tra tanta diversità.

Mi è stato risposto che la base sulla quale avevano fondato il loro accordo era costituita principalmente da due fattori. Il primo era il "rispetto" reciproco. Sembrerebbe un aspetto scontato, ma vi assicuro che non sempre è così. Quindi, rispetto reciproco, dove per rispetto s'intende, oltre alla regola della correttezza nel comportamento, anche il profondo riconoscimento dei valori, delle esigenze e delle priorità dell'altro. In altre parole, la condizione imprescindibile per creare sinergie sane e longeve è l'accettazione dell'altro per quello che è. Questo implica, ovviamente, un lavoro da entrambe le parti, che ha come scopo quello di comprendersi a fondo e attivarsi per il fine comune.

Il secondo fattore protagonista di sintonie e scambi proficui è la "chiarezza". Per capire ed essere capiti è indispensabile esporre apertamente ciò che per noi è fondamentale. La chiarezza evita malintesi, fraintendimenti e perciò errori di valutazione. Pertanto è possibile interagire al meglio e creare rapporti sani e solidi, avendo il massimo rispetto per l'altro e comunicando con chiarezza.

Regole semplici, apparentemente, ma talmente importanti da risultare sufficienti a gettare basi solide tra chi vuole venirsi incontro, anche se appartiene a un'altra cultura, parla un'altra lingua e professa un'altra religione. La conseguenza dell'applicazione di questi due fattori è la creazione di un terreno neutro, sul quale ognuno mette il proprio contributo e, insieme, si scelgono intenzioni e azioni da compiere.

Immaginate come potrebbe essere lo scenario mondiale, se sempre più persone riuscissero ad agire in questo modo. Personalmente sono convinta che, se è stato possibile anche una sola volta creare un equilibrio così costruttivo tra più persone, è assolutamente certo che questo esperimento sia ripetibile. E se un fatto è ripetibile, è possibile che sempre più persone imparino a replicarlo, dato che ha prodotto esiti positivi per tutti.

Ecco come una riflessione scaturita da una nostra necessità personale, come quella di cambiare qualcosa della nostra vita, ci ha portato a valutare scenari a prima vista totalmente diversi. Questa è l'interconnessione nella quale siamo immersi e per la quale dobbiamo avere la massima cura, se vogliamo crescere come individui e come collettività nel migliore dei modi.

SEGRETO n. 19: rispetto e chiarezza sono le componenti indispensabili per creare sinergie vincenti; esercitarsi nell'utilizzarli rende aperti e ricettivi verso ogni nuova opportunità.

Ora, tutto quello che abbiamo approfondito fino a questo momento è servito per darci un quadro esaustivo di cosa sia necessario tenere presente in una fase così delicata come l'attuazione di un cambiamento.

Volevo inoltre sottolineare come, in fase di ricerca, progettazione e realizzazione del nostro obiettivo-cambiamento, abbiamo raccolto una grande quantità di informazioni. Se avete acquistato questo ebooket è perché vi apprestate a modificare in qualche maniera la vostra esistenza o, quantomeno, perché sentite la necessità di avere degli spunti sui quali riflettere.

I link da me suggeriti possono indirizzare anche ad altri siti, ricchi di ulteriori indicazioni utili. Supponiamo di deciderci a progettare, a seguito della lettura dell'ebooket, il nostro sogno-obiettivo-cambiamento. In base alle nostre necessità personali, all'indirizzo specifico che vogliamo dare alla nostra vita, raccoglieremo altre informazioni, altri percorsi.

Tutti questi dati, questi suggerimenti, le nostre esperienze e tutto quello che sperimenteremo una volta messo in pratica il progetto, costituirà una vera risorsa. Potremo raccogliere, riorganizzare e rendere disponibile a tutti il risultato della nostra ricerca. Tutto ciò che impareremo, tutto ciò che scopriremo, può essere utile agli altri. Dovremo condividere quindi le nostre conoscenze, è molto probabile che qualcuno ne abbia bisogno.

Il risultato di queste ricerche, tutto quello che riusciremo a raccogliere, dati, impressioni, notizie, può addirittura essere trasformato in un diario di viaggio, da riciclare sia per un'altra destinazione che per un'altra eventuale condizione lavorativa. Potrebbe diventare una guida ed essere di aiuto a chi intraprende una nuova strada.

Su questa linea di condivisione, sono nati molti siti, alcuni dei quali sono stati già segnalati in precedenza. In rete, si trovano molti canali ai quali fare riferimento, se si ha in mente di cambiare vita andando all'estero. Dal momento poi, che viviamo nell'epoca dei social network, voglio segnalarvi che esiste la prima piattaforma online (si chiama *Matching*) che mette in contatto i professionisti italiani espatriati e i loro coetanei che si trovano in Italia, che vogliono sviluppare business e partnership a distanza. Andate sul sito di radio24 e registratevi, se volete, per cominciare a scambiare informazioni di ogni genere.

Girando in rete, nelle mie peregrinazioni a caccia di novità, ho trovato un sito che batte bandiera italo-australiana. Pare che i nostri conterranei abbiano un vero e proprio amore viscerale per questa nazione. Si chiama http://iansnetwork.net. Per motivi diversi, due amiche che vivevano in città differenti, erano fortemente attratte dall'Australia. Un giorno, dopo essersi domandate cosa volessero davvero fare della propria vita, hanno deciso. Insieme, hanno capito che dovevano assolutamente cambiare qualcosa di quello che stavano facendo nel quotidiano.

Hanno presentato la richiesta di visto e sono arrivate a Melbourne, dove si sono conosciute di persona, la prima volta. Sì, perché erano entrate in contatto grazie alla rete. In questa felice circostanza hanno deciso di aprire un business online. Ecco tutto.

È nato così il loro sito, che ho citato sopra, nel quale si occupano di diverse cose, dal supporto a chi cerca lavoro nel settore turistico, all'organizzazione di eventi per mettere in contatto gli italiani appena trasferiti, passando per l'offerta di corsi di lingue personalizzati.

In Australia è richiesto uno sforzo economico minore per aprire un'attività rispetto all'Italia, senza contare le vantaggiose deduzioni fiscali. Insomma, basta rimboccarsi le maniche per inventarsi un mestiere che funzioni. Il web è pieno di questi esempi. Io li segnalo volentieri perché sono la risultante di tutto ciò che ho esposto in questo ebooket: quello che possiamo sognare, possiamo anche realizzarlo.

E giusto per rimanere tecnologici… per merito della Farnesina-Italiani Nel Mondo, stanno nascendo anche le applicazioni sugli smartphone e i tablet: in questo modo saranno disponibili tutte le informazioni aggiornate sul paese in cui ci stiamo trasferendo: ospedali, uffici consolari, trasporti… e molto altro.

SEGRETO n. 20: quando fai ricerche sul web, poniti sempre le giuste domande; solo così potrai ottenere informazioni decisive per la realizzazione del tuo obiettivo.

RIEPILOGO DEL CAPITOLO 4:

- SEGRETO n. 16: adotta l'acronimo O.S.AR.E. come griglia guida per organizzare ogni tuo nuovo progetto, ti aiuterà nella sintesi dei passi da compiere.

- SEGRETO n. 17: ricorda che cambiare è crescere, ogni vissuto è portatore di ricchezza interiore.

- SEGRETO n. 18: puoi superare ogni timore condividendo i principi in cui credi, avendo il coraggio di essere fedele ai tuoi sogni e attivando la parte creativa della tua mente.

- SEGRETO n. 19: rispetto e chiarezza sono le componenti indispensabili per creare sinergie vincenti; esercitarsi nell'utilizzarli rende aperti e ricettivi verso ogni nuova opportunità.

- SEGRETO n. 20: quando fai ricerche sul web, poniti sempre le giuste domande; solo così potrai ottenere informazioni decisive per la realizzazione del tuo obiettivo.

CAPITOLO 5:

Come sfruttare liste, link utili e consigli

Eccoci arrivati alla sezione pratica di questo ebooket. Ho selezionato per i lettori, diversi siti di riferimento che potranno darvi molte utili informazioni. Cominciamo con un elenco di link per l'estero.

Per l'Europa:

- www.franceguide.com, sito ufficiale dell'Ente Turistico francese;

- www.visitgreece.it, sito dell'Ente Nazionale ellenico per il Turismo;

- www.icetourist.is, sito utile per informazioni turistiche sull'Islanda e per la ricerca di sistemazioni, anche in italiano;

- www.visitfinland.com, sito che spiega cosa fare e dove andare in Finlandia, anche in italiano;

- www.vivafinlandia.com, sito ricco di notizie utili in italiano;

- www.infocanarie.com, che raccoglie molte informazioni utili e in italiano sulle Isole Canarie;
- www.isolecanarie.org, che offre altri spunti interessanti sull'arcipelago, sempre in italiano;
- www.visitmalta.com, sito ricco di informazioni e notizie preziose su Malta, in italiano;
- www.government.nl, sito ufficiale del governo olandese, in inglese;
- www.holland.com, sito dell'Ufficio del Turismo olandese;
- www.portogallo.cc, in cui trovare molte utili informazioni sul Portogallo in lingua italiana;
- www.visitportugal.com, sito dell'Ufficio Turistico del Portogallo;
- www.visitazores.com, sito dell'Ufficio del Turismo delle Isole Azzorre;
- www.regnounito.net, sito dedicato all'Inghilterra, che fornisce indicazioni su storia, usi e costumi, gastronomia del paese;
- www.visitbritain.it, sito ufficiale dell'Ente Nazionale britannico per il Turismo;
- www.priminternational.it, in cui scoprire come vivere e lavorare a Londra, funzionalità e servizi;

- www.scoziatravel.it, sito ricco di indicazioni turistiche per visitare la Scozia;

- www.visitscotland.com, sito ufficiale dell'Ente Nazionale scozzese per il turismo, in italiano;

- www.viaggioinspagna.it, sito ricchissimo di informazioni e notizie utili, in italiano.

SEGRETO n. 21: non bisogna aver paura di sognare, dare spazio a obiettivi interessanti ed entusiasmanti ti spronerà ad abbandonare routine e noia.

Per l'America del Nord e Centrale:

- www.nyc-site.com, un ottimo sito in italiano, dedicato a New York, dove trovare moltissime notizie aggiornate su tutti gli aspetti della Grande Mela;

- www.usatourist.com, in cui sono raccolte moltissime informazioni e curiosità, corredate da splendide foto; assolutamente da consultare prima della partenza. Unico neo, presenta testi in inglese, francese, tedesco e spagnolo, ma non in italiano;

- www.nycvisit.com, sito ufficiale dell'Ufficio del Turismo di

New York;

- www.towd.com, da consultare per avere informazioni turistiche relative ai vari Stati;

- www.giamaica.it, sito ricco di notizie utili sul paese, in italiano;

- www.messico.com, sito informativo in lingua italiana;

- www.mexico-travel.com, sito informativo in lingua inglese dell'Ufficio del Turismo Messicano.

Per America del Sud e Caraibi:

- www.exploringecuador.com, in cui reperire informazioni utili sul paese;

- www.argentina.it, portale in italiano sull'Argentina;

- www.argentinaonline.it, sito che, come il precedente, fornisce informazioni utilissime e in italiano per muoversi all'interno del paese;

- www.bariloche.com, ancora per l'Argentina in spagnolo e inglese, il sito offre informazioni varie e tanti link utili;

- www.turismo.gov.ar, sempre sull'Argentina, sito in spagnolo e italiano, che raccoglie informazioni turistiche sul paese;

- www.cuba-si.it, sito ufficiale dell'Ufficio Turistico di Cuba, in lingua italiana, con informazioni su eventi, compagnie aeree, alberghi meteo e altre notizie;

- www.cubapratica.it, sito ricco di preziose indicazioni per visitare l'isola;

- www.infotur.cu, sito che fornisce informazioni e mappe dell'isola di Cuba in inglese e in spagnolo;

- www.venezuela.it, in cui sono a disposizione degli utenti notizie e informazioni in italiano sul paese;

- www.venezuelatuya.com, sito di informazioni in spagnolo, inglese e francese.

SEGRETO n. 22: il progetto di cambiamento deve essere in armonia con i valori di base personali, al fine di innescare un meccanismo automatico che ne consenta la realizzazione.

Per l'Asia:

- www.thechinanews.net, portale di informazione in inglese, sempre aggiornato sulla Cina;

- www.beijingtrip.com, sito in inglese, ricco di informazioni utili al viaggiatore;

- www.cinaoggi.it, ampio portale sulla Cina in italiano, molte informazioni su cultura, storia, economia, sempre aggiornato;

- www.tuttocina.it, sito in italiano, ricco di preziose informazioni;

- www.infomapjapan.com, in cui sono raccolte notizie utili e link su Giappone;

- www.japan-guide.com, sito con informazioni pratiche per la visita del Giappone;

- www.123.india.com, il primo sito indiano in inglese, che offre informazioni, immagini e notizie sull'India;

- www.indiaserver.com, una directory in lingua inglese ricca di notizie sull'India;

- www.indiatourismmilan.com, sito dell'Ente per il Turismo indiano in lingua italiana;

- www.indonesia-tourisminfo.com, sito in lingua inglese, che fornisce informazioni turistiche generali per l'Indonesia;

- www.visitmaldives.com, sito ufficiale del Ministero del Turismo maldiviano, anche in italiano;

- www.mondomaldive.it, sito in italiano, ricco di schede tecniche aggiornate, accurate e affidabili;

- www.thailandtravelguide.com, sito in inglese, ricco di

informazioni sulla Thailandia;

- www.turismothailandese.it, sito dell'Ente del Turismo thailandese in italiano.

Per l'Africa:

- www.caboverde24.com, sito in italiano e inglese, ricchissimo di informazioni interessanti;

- www.caboverde.com, portale a integrazione del precedente, con molte iniziative locali.

- www.cvfaidate.com, sito in cui due nostri connazionali che vivono da anni a Santiago raccontano la loro esperienza;

- www.magicalkenya.com, sito in inglese dell'Ufficio del Turismo del Kenya;

- www.mauritius-turismo.com, sito in italiano dell'Ente del turismo dell' Isola Mauritius;

- www.maurinet.com, sito in inglese, che fornisce informazioni generali improntate al business e turismo;

- www.sey.net, portale in inglese, che offre informazioni su sistemazioni, trasporti e pacchetti viaggio;

- www.seychelles.travel/en, sempre sulle Seychelles, sito in lingua inglese ma molto ben organizzato con tanti riferimenti di interesse turistico;

- www.sudafrica.it sito ufficiale dell'ambasciata del Sudafrica, in italiano e inglese;

- www.africa-news.eu, in cui sono raccolte notizie sempre aggiornate sull'Africa in generale.

SEGRETO n. 23: per controllare lo sviluppo del percorso verso il cambiamento può essere utile riesaminare la lista delle "domande-guida", per verificare in ogni momento quali siano i reali risultati ottenuti.

Per l'Oceania:

- www.tourism.australia.com, sito completo, che racchiude tutto quello che occorre sapere sull'Australia;

- www.fijime.com, sito in inglese dell'Ufficio del Turismo fijiano con molte indicazioni e consigli utili;

- www.tahiti-tourisme.it, sito dell'Ente Turistico tahitiano, in italiano;

- www.polinesia.it, portale in italiano, che fornisce notizie generali sul paese;

- www.tongaturismo.info, sito ricco di informazioni e notizie in italiano sull'isola di Tonga.

Questo è solo un piccolo percorso per un ipotetico giro intorno al mondo. Avrete notato che ho omesso di inserire alcune località del Medio Oriente. Pur essendo una mia personale opinione e avendo visitato io stessa alcuni di questi luoghi, suggerisco di optare per destinazioni che non siano Algeria, Tunisia, Marocco, Egitto, Giordania e Siria, per i motivi evidenti che tutti noi conosciamo.

Nulla toglie che vi sia la possibilità di intraprendere iniziative in questi paesi, ma a parer mio, sarà necessario attendere la loro stabilizzazione socio-politica, prima di decidere per un trasferimento.

Molto bene, se mi avete seguito fin qui, dovreste avere un quadro generale più definito. A corredo di questo piccolo elenco di siti, voglio inoltre indicarvi alcuni indirizzi web prevalentemente in lingua inglese, sui quali potrete trovare opportunità di lavoro freelance. Le figure richieste variano dal web designer, agli esperti di marketing e molto altro ancora.

Ecco un breve elenco:

- www.elance.com, una piattaforma web internazionale dove compaiono moltissime offerte di lavoro suddivise in 50 categorie;

- www.odesk.com, un servizio internazionale veramente valido. Troverete lavori a progetto, a compenso fisso e addirittura a retribuzione oraria. Il tutto garantito da un software che monitora il vostro lavoro su pc;

- www.vworker.com, sito sul quale trovare offerte di lavoro a progetto e di lavoro a tempo;

- www.guru.com, che raccoglie offerte di lavoro freelance in più di 100 categorie;

- www.efreelancer.it, sito italiano con offerte e richieste per ogni freelancer.

Come potete vedere, non solo esiste l'opportunità di trasferirsi in un'altra nazione, ma è possibile addirittura, con un po' di fortuna, riuscire a trovare proprio quella particolare attività che fa il caso nostro. Molte di queste figure professionali svolgono l'incarico in telelavoro, potendo quindi vivere in qualunque luogo, senza vincoli, orari stressanti e in piena autonomia.

Non male vero? Pare che quest'ultima alternativa sia molto ricercata dagli utenti di internet. Come dar loro torto? Chi non vorrebbe telelavorare magari da una spiaggia o nel proprio posto speciale? Ma, come in ogni buon progetto, formulato con accortezza e curato nei dettagli, non possiamo trascurare anche la nostra formazione professionale.

SEGRETO n. 24: è indispensabile porre sempre massima attenzione alla sicurezza personale, sia dal punto di vista economico che professionale. Senza sicurezza, la paura e la preoccupazione prendono il sopravvento, i progressi si bloccano e la forza viene meno.

Più saremo specializzati in ciò di cui ci occupiamo, più avremo possibilità di trovare un lavoro o svolgere al meglio la nostra attività. Ecco che, a questo proposito, voglio darvi anche gli indirizzi web di tre siti che si occupano di formazione sia in aula che a distanza e che io ritengo siano molto professionali:

- www.canaleformazione.com, piattaforma da poco online ma con una vasta gamma di corsi di alta qualità e percorsi mirati;
- www.emagister.it, sito molto vasto e funzionale, che propone

argomenti di approfondimento anche non comuni (ad esempio, dietetica cinese);

- www.progettotrio.it, una piattaforma di e-learning adottata dalle regioni italiane, per consentire la fruizione online di approfondimenti e corsi veri e propri.

Una nota importante va specificata, riguardo allo sviluppo delle nostre capacità. È per questo che vi ho segnalato siti che si occupano di formazione. Oltre che per migliorare il nostro bagaglio di conoscenze e competenze, la formazione serve a individuare un percorso mirato.

Con l'aiuto di un tutor, possiamo approfondire argomenti che integrino ciò che già conosciamo o intraprendere lo studio di un nuovo settore. Tutto questo non potrà che arricchire il nostro curriculum vitae o il nostro profilo professionale, in modo da proporci con abilità professionali sempre più diversificate. Inoltre, teniamo presente che sul web non sono ricercati solo grafici o programmatori.

L'incremento dei siti e dei blog ha visto aumentare in modo

considerevole anche la richiesta di figure diverse. Articolisti, traduttori e interpreti, fotografi, sono solo alcune delle professioni da svolgere online. È possibile lavorare da freelance anche svolgendo professioni ritenute fino a poco tempo fa tradizionali, come il commercialista, l'avvocato o il giornalista. Insomma, c'è solo l'imbarazzo della scelta.

Ecco perché la creatività è uno degli strumenti più utili nei rinnovamenti personali. Potremmo decidere di cambiare completamente la nostra attività, oppure apportare innovazione e restyling a quella che già svolgiamo. Tutto dipende, ancora una volta, da ciò che desideriamo ottenere nella nostra vita.

Ricordiamoci inoltre che nulla avverrà se noi non inizieremo, volontariamente, questo entusiasmante cammino verso la nostra piena realizzazione. Solo noi siamo gli artefici dei cambiamenti che ci riguardano da vicino, ma senza la costanza e la fiducia non potremo arrivare a destinazione.

Scegliamo bene, quindi, il luogo dove vogliamo vivere, il lavoro che vogliamo fare, le relazioni che vogliamo creare. Scegliamo bene il modo in cui vogliamo migliorare la qualità della nostra esistenza, prendiamoci tutto il tempo per progettare questa evoluzione e poi perseguiamola fino a che non l'avremo realizzata.

SEGRETO n. 25: per ottenere buoni risultati, sia nel lavoro che nella vita personale, occorre essere costanti e determinati.

RIEPILOGO CAPITOLO 5:

- SEGRETO n. 21: non bisogna aver paura di sognare, dare spazio a obiettivi interessanti ed entusiasmanti ti spronerà ad abbandonare routine e noia.

- SEGRETO n. 22: il progetto di cambiamento deve essere in armonia con i valori di base personali, al fine di innescare un meccanismo automatico che ne consenta la realizzazione.

- SEGRETO n. 23: per controllare lo sviluppo del percorso verso il cambiamento può essere utile riesaminare la lista delle "domande-guida", per verificare in ogni momento quali siano i reali risultati ottenuti.

- SEGRETO n. 24: è indispensabile porre sempre massima attenzione alla sicurezza personale, sia dal punto di vista economico che professionale. Senza sicurezza, la paura e la preoccupazione prendono il sopravvento, i progressi si bloccano e la forza viene meno.

- SEGRETO n. 25: per ottenere buoni risultati, sia nel lavoro che nella vita personale, occorre essere costanti e determinati.

Conclusione

Ed eccoci giunti al momento più importante di tutto l'ebook. La messa in pratica di consigli e suggerimenti. A questo punto, vi starete domandando quale sia stata la mia decisione in merito alle ricerche sulle Isole Canarie. Bene! Vi porto il mio esempio: dal prossimo mese di ottobre, inizierò il mio percorso-prova di tre mesi sull'isola di Tenerife. Applicherò gli stessi suggerimenti che ho fornito a voi in questo testo. Pianificazione, organizzazione e risorse, oltre ai consigli e al supporto di parenti e amici.

È indubbio che la nostra tranquilla routine giornaliera cerchi di anestetizzare le nostre aspirazioni più vere. Certi meccanismi possono essere automatici e soprattutto rassicuranti ma, per contro, è anche vero che siamo tutti, o quasi, schiavi delle nostre abitudini.

L'unico grosso inconveniente è che tutta la nostra parte creativa ne soffre. Intendiamoci, per qualcuno avere una vita regolare, cadenzata da ritmi ripetitivi, può essere più che valido e desiderabile; non intendo, infatti, criticare nel modo più assoluto uno stile di vita lineare e semplice. Quello che voglio rilevare è che nulla potrà cambiare finché non saremo prima noi stessi a cambiare. Ricordate, otterrete ciò a cui tenete maggiormente, solo se metterete impegno, determinazione e costanza, nel perseguirlo.

Ponendo in atto le giuste strategie riuscirete a produrre dei risultati concreti e soprattutto validi nel tempo. Quando vi sarete impegnati con tenacia nel mettere in pratica la regola O.S.AR.E. creerete nuovi modi di decidere, annotando i risultati per scritto, e ne vedrete i reali benefici. Mi auguro che il messaggio che voglio trasmettervi sia chiaro e vi giunga in modo diretto.

Per ottenere quello che desiderate dalla vita non occorrono formule magiche o misteriosi ingredienti, ma solo la vostra concentrazione sulle attività che vi consentono di conseguire buoni risultati, anziché su quelle che vi fanno perdere tempo o vi portano fuori strada. La maggior parte delle persone rimane intrappolata in un lavoro o in una situazione che detesta, perché non ha focalizzato la propria attenzione sullo sviluppo dei campi nei quali eccelle.

Perciò:

- studiate attentamente i punti vincenti e quelli da sviluppare della vostra vita;

- chiedetevi quali attività vi hanno consentito di ottenere le vostre maggiori vittorie;

- chiedetevi quali sono le attività sulle quali vi state concentrando e che hanno una minima percentuale di riuscita.

Prima di rispondere ai queste domande, riflettete a fondo.

Spero che, a questo punto, siate certi che la vita è solo una questione di scelte. Potete trovarne il riscontro intorno a voi, ogni giorno. Se vi scoprite intrappolati a sopportare una vita fatta di frustrazioni perché siete bloccati da obblighi che vi siete auto-imposti, imparate a considerare lo scegliere quotidiano come l'assunzione di una posizione di forza.

Decidete oggi stesso di modificare il vostro modo di agire, facendo diventare ogni attività una scelta consapevole. Avete l'abitudine di rimandare? Siete soliti procrastinare decisioni e azioni? Siete annoiati? Siete oberati dal lavoro? Avete perso il lavoro e la vostra sicurezza ha subito un duro colpo? Siete pigri e avete una scarsa autostima? Il vostro lavoro non vi piace?

Non c'è molto altro da aggiungere, questi sono i principali motivi di stress e insoddisfazione. Senza mezzi termini, possiamo affermare che, se evitate di intraprendere azioni decisive per pigrizia o paura, avrete poche possibilità di avviare un nuovo e soddisfacente stile di vita in breve tempo. Pertanto il mio augurio e la mia raccomandazione è di impegnarvi, di darvi da fare. Che cosa desiderate veramente? Un futuro di lotte, di frustrazioni, di precarietà, di obblighi o un futuro di libertà emotiva, prospero e soddisfacente? Non rimanete intrappolati in un falso senso di sicurezza, e quando sentite la vocina della paura, autolesionista, che vi suggerisce di rimandare, pensate ai prossimi venti o trent'anni, che scorrono sempre uguali. Focalizzate quindi la vostra attenzione sul modo in cui porterete maggiore valore nella vostra vita, impostate azioni decisive e perseverate con costanza.

Questa è la formula più semplice per ottenere ciò che volete.

Buon Lavoro!

www.ingramcontent.com/pod-product-compliance
Lightning Source LLC
LaVergne TN
LVHW020347200726
843507LV00012B/2532